交換微笑

U0152257

黎鴻亮 著

"原來，開心就是這麼簡單!!"

在你周邊的範圍，總會因你的微笑，再牽動他們的微笑而變得更添和諧，自自然然，人亦會將繃緊中的愁眉緩緩地釋放。

目錄：

2

序（一）

　　本書作者是我的二哥，我從來沒想過他會寫書，他今次出書，是將自己不一樣的生命經歷，透過散文方式與眾分享，實在難能可貴。我被二哥邀請為他此著作寫序，甚感榮幸，當然義不容辭。

　　二哥自出生就患上血管瘤病，除了左手活動自如外，其他肌能都受到限制，需要借助輪椅代步。面對這個有著殘障的身軀，並一輩子面對從此而來的心靈和肉體創傷，以及生活上的種種困難，是我永遠都無法完全感受和理解到的；然而，二哥就是這樣獨個兒堅強的面對！

　　從小到大，我沒有聽過二哥半句怨言，他就是這樣默默承受著發生在自己身上的各種挑戰，那份能耐，是我所不解的；不過更令我欽佩的，是二哥的品性，他是一個全然善良，單純，溫柔，細心，真誠，且重情重義的人。就是在自己種種限制和缺乏之中，仍然為人著想，慷慨就義。他是怎樣做到的？究竟他秉持著甚麼的人生哲學，令他可以如此有力地活出一個既美善，又燦爛的人生？

　　別以為他會透過這著作將人生道理跟您說一遍，沒有！然而，您可以透過這裡每篇文章的字裡行間，看到二哥在艱難中仍能幸福生活的端倪。二哥透過敏銳的

觀察力，細膩的心思，將自身的經歷，生活上的體驗，透過小品方式，生動活潑地呈現在讀者面前。若您細心欣賞，會留意到每篇文章背後其實貫串著二哥的人生態度，就是對真誠，善良，仁愛，情義的追求與實踐。

必定要一提的，就是上帝的恩典一直伴隨我家，祂讓二哥有機會遇上寶玲二嫂，由他們相識、相知、相愛，到結婚，如神蹟般發生在我們家中，既奇妙，又感人。二嫂甘願陪伴二哥同走人生路，彼此相愛，長廂斯守，甘苦與共，為二哥灌注了生命的能量，增添色彩和意義。誠如上帝所說：「我的恩典是夠你用的，因為我的能力是在人的軟弱上顯得完全。」(哥林多後書 12:9) 當您細閱本書，會被分享到當中溫馨、動人的故事。

在這彎曲悖謬的世代中，社會，以至人際間的相處，都變得越來越複雜，二哥這著作有如一股清泉，帶您回歸簡單，輕鬆自在地品味人生。我誠意推介此書給熱愛生命，追求幸福的您。

黎鴻昇

2022 年 6 月

序（二）

　　某個傍晚，收到老朋友阿亮的訊息，誠邀我夫婦倆，為他即將出版的一本書寫序，主題是分享他生命裡的點點滴滴。相識超過幾乎四份一世紀的我們，當然鼎力支持，同時又深感榮幸。

　　對於阿亮的生命歷程，一幕幕的片段立時湧上心頭；某個夏令營的晚上，黑暗中見到阿亮坐在輪椅上，他突然把一隻「腳」，「拆」了下來放在床下，那時候我才知道他穿的原來是義肢。

　　當年我們兩對新人，是同年 (只相差一個月) 結婚的，神的安排實在奇妙，我們還一齊去蜜月旅行。記得有一次，當經過街上的某店鋪時，被店主投以不友善及厭惡的目光，但阿亮只笑笑口回應了一句：「哈哈！那都是我慣常遇到的事，我才不會放上心呢！」零零碎碎的片段當然還有很多；例如，我曾經抱著他由新加坡過境馬來西亞，這也是我們的「創舉」之一。

　　阿亮如果能夠自己做到的事情，都會堅持自己做，甚少會尋求他人協助。記得有次乘搭的士，我原本想抱他上車，但都被他堅拒了。他不願加添任何人的負擔，每樣事都親力親為，除非他能力範圍以外的，例如家裡需要更換天花板的電燈泡等，每次我當然都會義不容辭呢！

　　小人物在戰亂中能生存下來的是「幸運」，但在充滿挑戰而不平凡的日子中，仍能樂觀地活在當下，那就是「幸福」。

　　阿亮有著大智慧，知道那些事要堅持或由別人來操心，他都表現得進退有度。面對生活上的種種挑戰和高低起伏，他仍然生活得幸福美滿，靠的便是他藉著本書向讀者所分享的那份堅毅和意志。

　　我夫婦倆有幸與阿亮和寶玲成為知心好友，實在難得。寶玲經常為人帶來歡笑，又滿有愛心，她是我們教會弟兄姊妹中的「開心果」。

　　最後，我想用多年前的一套電影「亞凡達」裡的一段對白，送給寶玲和阿亮：

If you wish to survive, you need to cultivate a strong mental attitude. (如果你想活着，你需要培養一種堅強的精神態度。)

《詹姆斯·弗朗西斯·卡梅隆 阿凡達》

祝願本書的讀者、阿亮和寶玲一樣生活得幸福、快樂！

吳鎮潮、黎雅詠

2022 年 6 月

交換微笑

序（三）

黎明耀目熾萬心

遠看朝陽雲霧散

光照大地愛滋長

亮麗笑容添和祥

昇平全賴善與愛

昌盛皆因樂施予

輝映照出真善美

　　光、亮、昇、昌、輝，是先父黎耀熾和先母劉遠雲，一齊費煞思量地為我們五兄弟所起的名字，寓意是希望我們各人都擁有不同的才幹和志向，去貢獻社會，為社會發光、發亮，創造昇平、昌盛和輝煌的景象。

　　然而，我的二弟鴻亮卻生下來就行動不便，在成長過程中亦面對生活上種種的限制。縱然如此，他仍然能夠自食其力，貢獻社會，甚至成家立室，娶得一位賢良淑德的妻子，為父母帶來一份驕傲。

　　二弟更為我們幾兄弟立下了好榜樣，他不屈不撓的意志和堅毅的精神，加上待人接物的善良本性，像燭光般點亮着我們每個人的生命，他教曉我生命如何能演繹得更生動，更精彩。

作為兄長的我，很榮幸地為二弟的新作寫序，我極力向大家推薦這書，閱後，您會有一種心靈被充實的感覺，猶如喝下一碗補而不燥的清雞湯，滋潤身心，令您暫時卸下繁雜的枷鎖。

　　「交換微笑」這本書，不單是我二弟的摯誠之作，更是他從歷練半個世紀中，所學習、所感悟的一些與人相處之道。鴻亮不懂說深奧的人生哲理，他只有單純地叫您好好地活出真、善、美。

黎鴻光

2022 年 6 月

~ 作者序 ~

時間的巨輪不停地流轉，人的年華也日漸地消逝，光陰似乎停不了亦留不住。當意識到自己生命的歲月，正迅速地耗減時，我才醒覺地問自己，有哪些事情想做而未做？答案竟然多的是 ......。

結果，我首選了一項自己最想實踐而力有所為的，就是出書，這是我一直以來的夢想。我希望在我的記憶還清晰的時候，能將我在地上的經歷和領悟，透過文字保存下來。又讓更多人知曉，其實每個人的生命，都可以演繹得更精彩、更臻完美的。

我也希望讀者在翻閱此書的過程中，能夠享受一點溫情一點趣、淺嘗我筆跡下的暖暖情，並細味人性的真善美。

我還會帶您遊歷我的故事，當中有笑有淚，有反思也有提醒。而更重要的，就是希望能夠牽動您的心，引起您的共鳴，以至在情感和行為上，能與身邊的人，主動地建立關愛和互信。

我更有一個夢想，就是人可以衝破彼此間的嫌隙，拉近大家的距離，建立良好的關係，並維繫著深摯而可貴的情誼。

　　每個人也會有自己的故事、夢想和目標，而您的故事、夢想和目標又如何？有機會的話能與我交流和分享嗎？

黎鴻亮

2022 年 8 月

「

我不敢奢望能與每一位街坊都成為朋友，但我渴望能與每一位街坊都點個頭、送上祝福，然後交換微笑。

」

1.~ 交換微笑 ~

　　我是一名患有先天性血管瘤病的輪椅使用者，每天在上班的途中，少不免會遇上擦肩者的好奇目光，但我卻從來沒有介意，因為在同一天空下，他們既是我的好鄰舍，也是我的好街坊。

　　至於我是如何回應那些「好奇目光」？很簡單，我會友善地給他們一個點頭，再加一個微笑，然後說一聲早晨！

　　然而，每次與他們如此「接觸」或「交流」時，也需要付上一定的勇氣。但可喜的是，我所得到的，大多數都能換來一個同樣友善的點頭和微笑，這證明一件事，就是剛才他們那「好奇目光」，真的是出於好奇，並沒有帶半點貶意或歧視之心。

　　一個微笑換一個微笑，若視之為一椿對等的交易，倒不如看為雙方都能受惠，誰也沒有虧損。除此之外，這舉動還會掀起周邊一種融和、親切的氣氛。

　　算起來我還有另一重得著，因為假設我成功遇到三個人，交換到三個微笑，我便會有三份正能量；換到五個便會有五份正能量，五份正能量就等於五份祝福，皆因我所發出去的微笑，心裡同時也會附帶著「祝福」這個元素，而我亦會以「阿 Q 精神」般，認定他們同樣

也會附帶著這個「祝福」元素。於是，那一天我的正能量，便會化為我工作上的動力，和滿滿的祝福。

不過，有時候我也會遇上失敗情況，就是遭到對方迴避的目光，甚或不悅的表情，但不要緊，只要你願意踏出第一步，得著總比失的多。在你周邊的範圍，總會因你的微笑，再牽動他們的微笑而變得更添和諧，自自然然，人亦會將繃緊中的愁眉緩緩地釋放。

人與人之間的關係就是這麼微妙，這麼有趣，你向人發出的正面訊號，往往所收回的也會是正面；相反，所發出去的是負面，所收回的亦會是負面。請不要吝嗇你的微笑，每天尋找對象發放，你一定會有意想不到的回報和收穫，關鍵除了要有勇氣之外，就是你能否視他們為你的好鄰舍、好街坊、好弟兄和好姊妹。

我不敢奢望能與每一位街坊都成為朋友，但我渴望能與每一位街坊都點個頭、送上祝福，然後交換微笑。

原來，開心就是這麼簡單，正能量和陽光一樣，是充滿裨益及可以免費索取的。祈望有一日，在街上、在巴士內、在地鐵、在商場、在餐廳裡，能夠與您「交換微笑」。

2. ~ 因我而起的「蝦碌」~

　　我無論在外形、樣貌、身材及心態等，都完全是個百分百的男仕，但唯獨卻天生一把十足溫柔的女性聲線。於是，在日常生活中，往往會因我而造成無數真實而尷尬的事情。每次當我在陌生人面前一開聲時，對方總誤以為我是女性，而搞笑的「蝦碌」場面便會隨之而出現。在此，不妨與大家分享一下箇中例子，讓讀者們輕鬆笑笑：

洗廁所叔叔：

某個早上我想進入洗手間時，卻遇上一位正在準備清潔的叔叔，我請求他幫我移開路中的障礙物，他竟二話不說：「女廁在隔離！」

入錯女廁：

一天，一位男生與我同步進入公廁，因通道比較窄，他讓我先行，我向他說了聲謝謝，他赫然作出了一個異常反應，並且大叫：「糟糕！對不起！我入錯了女廁！」然後一支箭地跑了出去 ......

熱心的姐姐：

我公司有位專門負責收集各樓層廢紙去回收的姐姐，每次她見到我時，都會跟我打招呼和問好。一天，我拿著杯準備往洗手間清洗，她遠遠望見我，便問我是否去洗

15

手間，我答：「是啊！」於是她很熱心地跑在我的前面，並說：「我幫你開門吖！」誰不知，她並不是幫我打開左邊男廁的門，而是打開右邊女廁的門……

誤會＋尷尬：

巴士站內，排在我前面是一對父女，小女孩好奇望了我一眼，我便主動向他們點頭微笑，女孩父親友善地吩咐女兒叫聲：「叔叔早！」女孩聽話說了，我也禮貌地回應了一句：「早呀！妹妹！」誰知女孩父親竟如此反應：「啊！對不起！原來不是叔叔，乖女，快叫姨姨！」我立即糾正：「不！不！你們沒錯！我是叔叔！我是男性來的。」女孩父親更添尷尬：「對！對不起！叔叔！」

被拒：

有一次，我使用銀行的電話理財服務，對方按例問了我一連串的問題，以確認我的身份，當一切資料證實無誤後，誰知她竟然拒絕我接下來的查詢，並解釋因我的聲線與客戶登記人的性別記錄不符，我多番解釋她都不信，並要我親身到分行辦理查詢。從此，我每次遇上客戶服務員，我第一句便立即自我介紹「你好！我姓黎，我是帳號本人，我是男性來的。」

照 X 光：

一次，在醫院排隊等照 X 光，到分流室時，護士給我一件紫色袍叫我換上，並吩咐說：「請換上上身的衣服，並記得將身上所有飾物除下，包括胸圍。」

餐廳女侍應：

午飯時段，我到某餐廳進膳，餐廳女侍應替我移走一張椅子，好讓我的輪椅能進入餐桌，我說了聲謝謝，女侍應臉上出現了一個我預期中的錯愕表情，我主動澄清：「妳沒看錯，我是男的。」女侍應裝作若無其事：「沒關係，我們這裡無論男或女都無任歡迎。」

醫科教學：

一次，某醫院邀請我去參與一個醫科病例教學講座，此講座是招募一些特殊病患者，借用他們的病例，作為醫科學生授課之用。當外籍教授介紹我時，竟然將"She"「她」作為代名詞，我即時糾正他：「I'm a man, not a woman.」然後，他用英語回應了我一連串我聽不懂的說話。事後，我才知道，原來在醫療課堂上是無刻意分"He" 或 "She"，且不少教授都會慣用"She"的。哈哈！那次真是輪到我出醜啊！

　　我從來沒介意別人誤當我為女性，因為那完全是合乎常理的反應，只是我的「缺陷美」所製造出來的「蝦碌」而已。

　　然而，也體現了一個道理，眼裡所見的未必是事實的全部，外在的觀感也不一定是你所預測的，凡事不要過早下定論，我們要抱有開放的態度，去包容彼此間不同的地方。

3. ~ 培養公德心 ~

「公德心」反映著個人的修養和品格,當你的行為滋擾或損害到他人時,令他們感到厭惡或不安,那就是缺乏公德心。我們作為良好市民,在行為操守方面,應時刻保持為他人著想的態度,無論在私人或公眾場合,都不要做出自私的行為,並應教育下一代,以身作則,做好榜樣。

以下是一些關於缺乏公德心的例子,大家應引以為鑒,避免觸犯。

弄熄煙頭:

香港的街頭或街尾,總會放置一兩個垃圾箱,而每個垃圾箱頂部都會設置一個煙灰缸,方便吸煙人士將煙頭棄掉。但我曾看見一些缺乏公德的人,沒有將煙蒂弄熄便離開,致令殘餘煙嘴繼續燃燒,並釋出難聞及有害的氣味,影響環境之餘更損害他人的健康,希望吸煙人士注意,要將煙頭的火種徹底弄熄後才好離開。

路不拾遺:

路不拾遺是一種非常好的德行,試想想,假如你遺失了物品,無論是貴重與否,特別是富記念價值的東西,內心總會心急如焚,如果遇上好心人,將所拾到的東西交還給你,那種感激和喜悅之情,實在非筆墨所能形容。

因此，倘若我們拾到不屬於自己的東西，而想辦法交還失主，箇中行為，實在值得讚揚，而更高尚的情操是，不求回報，只求物歸原主。

遛狗的人：

狗是我最愛的寵物之一，每天帶狗狗出街是牠們最開心的時刻。可惜，寵物共享設施並未普及，狗狗被迫要隨地便溺，這有賴於遛狗的人需即時清理，但有些沒公德的人懶得清理，將「地雷」留給別人踩之餘，還嚴重染污環境。請不要製造機會，讓公眾給狗狗們留下不好的印象。

製造噪音：

我家樓上，經常傳出「砰！砰！砰！」的聲響，或類似在地板上推枱或推櫃等雜音，有時候，早、午、晚亦如是，導致我們飽受滋擾。在此呼籲，假如閣下所住的單位周圍有人居住，便請保持公德心，不要在屋內的地板或牆上製造無謂的噪音，以免滋擾附近的鄰居。

該罰！

不少公廁（包括傷殘人士公廁），都不難發現缺德者，就以廁所板為例，有些人為保自身潔淨，避免觸及廁所內任何物件，便整個人連鞋蹲在廁所板上，導致廁所板表面布滿污穢的鞋印，事後更不予以清理便離去，令下一手使用者造成莫大的不便，這種不顧他人的自私行為，實在令人憤慨，在此勸諭相關人士，請謹守自律。

愛惜郊野公園：

郊野公園是供人遊賞、休憩和舒緩壓力的地方，也是大自然給我們的寶貴資源，我們應該好好保育和珍惜裡面一切的設施，包括花草樹木和天然景致，一切破壞環境和公物的缺德行為，我們應予以譴責，絕不姑息。

守法自律，是城市太平的首要條件；持守公德，是締造人生活和諧及身心靈健康的必然階梯，階梯之上，我們將看見一個著重操守、整潔和溫馨快樂的城市。

4. ~ 巴士上的百態 ~

　　我是屬於跨區工作人士，每朝每晚都要乘搭過海巴士，穿越兩條隧道，車程合計起來大約需兩小時多。在車廂內，我留意到大部分人都會閉目養神，亦有不少人做「低頭一族」（看手機）。而我除了用手機寫稿之外，就是觀察周圍的人和事，當中經常遇見各種奇趣的事，在此與你們分享一二：

- 事件發生在新冠疫情前（未有口罩令），一位打扮斯文又高貴的女士，在車廂內吃早餐，雖則吃麵包和飲紙包飲品是不會影響他人，但沒料到，她吃完後竟然將垃圾靜悄悄地放在座椅底下，此舉動實在令人為之側目，既破壞車廂整潔，又影響巴士觀感，這種行為大家應引以為戒。

- 疫情下的某大清早，巴士上所有人都奉公守法地戴上口罩，突然間，一名中年人士做了一件駭人的事，她沒將口罩除下，便直接將尾指隔著口罩插進鼻孔內，跟著做出挖鼻孔的動作，過程中還露出一副蠻享受的表情。這項「神乎奇技」，令目睹的人，眼球都幾乎跌了出來！

交換微笑

- 巴士內，左右兩排的座位都分別設為走廊和窗口位，我留意到，坐在走廊位的人，很多時候都不願意，或不主動側身移動，讓其他乘客入坐身旁空置的窗口位，當有人要進入時，那坐走廊位的人便會皺眉，並展露不悅之情。誠然，公眾的座位，我們不是應樂意共享的嗎？這是我們最基本的禮貌和風度呢。不過值得一讚的是，在可選擇的情況下，多數乘客都不會坐上關愛座，以留給更有需要的人，這是一種禮讓文化，香港人做得到，也做得好。

- 「行入 D，鬆動 D……」在人多的時候，巴士車廂內接近滿座時，便會有剛才那段廣播，好提醒站在車尾的人能行入一些，讓站在靠近車頭位置的人能夠放寬距離，站得鬆動些。但是，我發現站在車尾的人往往好像充耳不聞，多數都不願「行入 D」，結果造成車尾鬆動，車頭擠迫的情況。而其餘想趕搭該班車的乘客亦無法上車。這種情況巴士公司應該多做宣傳教育，乘客亦應互相包容禮讓，多些留意其他人的需要。

- 也是在疫情期間，車廂內，一位年青人發現一個嬸嬸沒戴口罩，於是從背囊內取出一個精美的口罩套裝，禮貌地遞上給嬸嬸，嬸嬸顯然沒料到年青人如此細心，面露感激之情，亦欣然接受後立即戴上，此情此境實在叫人窩心。

總括而言，巴士的車廂內，每日都會上演著不同的情境和人生百態，視乎你有否閒情去觀察、去欣賞。而除了車廂內，也不妨欣賞車窗外的景致，或許你會發現更多有趣的情境。

　　最後，依我觀察所得，在早、晚兩個時段，大部份乘客們都有一個共通點，就是一樣的「趕」，只是兩者分別在於：早上的趕上班，趕上班為的是生活、生計，而晚上的便是趕回家，趕回家為的就是想盡快親親家人，享受天倫之樂。這就是我們團結共創的繁榮香港。

5. ~ 交心 ~

　　有一位剛投入社會做事的年青人問我：「人與人之間，為什麼會刻意保持距離，甚至充滿著芥蒂，又存在着互相猜疑，互相妒忌的心態？究竟可有方法，能夠釋除彼此間的隔閡，用真性情、真本性來尋找知心友？」

　　「說難不難，說易也不易，」我答：「只要大家能放下自我，敞開胸襟，拋卻成見，再彼此付出真誠真意來相待，從而建立互信。換言之，你怎樣『用心』去對待親人或自己，便用同樣的『心』去對待別人。如此，你便可踏出尋找知心友的第一步了。」

　　年青人若有所思……

　　「至於第二步，」我補充：「假使你認定一個你認為值得交深的人，你會很自然、很樂意地，將你最寶貴的，包括精神、時間和物質等投放在他身上，也願意跟他分享你的喜怒哀樂。過程中你不會計較利害得失，也不求甚麼回報，而重點就是你能否交出誠懇和真摯。當對方感受到你那顆赤誠的心，而又願意與你作出相對的回饋和付出，那便是我一向所倡議的『交心』了。」

　　年青人慨嘆地說：「要做到相輔相成，毫無戒心，談何容易呢！」

「你說得對，」我進一步解釋：「不少人總會建立屏障作自我保護，更習慣以自我為中心，覺得付出會是一項沈重而又吃虧的事情。要打破這道心理屏障，我們必先要放下自己，以真誠真意作為初心。只要你認定對方（值得你交心的人），然後採取主動交流，並懂得欣賞及包容對方的優點和缺點，願意分擔他的重擔，與他一同經歷順境和逆境。那就為尋得知心友而建立了有利的條件。」

　　最後，年青人帶著一絲疑惑，及一點患得患失的情懷離開了。他臨走時由衷地向我表達了謝意。其實我所說的都是很片面的，我也認同年輕年所憂慮的「談何容易」。雖然我不知他領受了多少，但我欣賞他那份求知的態度，及一顆赤子之心。

　　我們要了解每個人的性格都有所差別，在接納之餘，還需加以尊重和諒解，建立溝通和互信，漸漸地便會突破彼此間的隔膜，增強認知，將猜疑化解。

　　蘇軾（蘇東坡）的詩詞中有一名句：

　　《成書在理不在勢，服人以誠不以言。》

　　事實上，要將一段情感提昇，不需要凡事討好對方，因為「討好」可能帶有「機心」，而真誠、真心、真摯就是達至交心最基本的良方。然而，千萬別以為只要肯付出你的「真」，便能得到相應的回報，勉強沒幸

福，執著無幫助，如果盡了努力仍未能與對方「交心」，那就唯有隨緣，並懂得放下，以免產生無謂的磨擦或傷害。就算對方不領你情，相信他也會從你身上，感受到你的真誠和真意。

然則，「交心」也需要留意以下的一些原則：

- 「交心」前要有充份的智慧和分析能力，所謂人心難測，要時刻警醒，提防被出賣，被欺騙。

- 「交心」是相互間的賦予，需要共同都有這個意願才能進行。若想別人怎樣對待自己，首先自己就要怎樣對待別人，這才是真心的相交。

- 「交心」是要經歷一段過程，雙方的感情需要時間浸淫，並非一朝一夕就可以做到，要循序漸進，過程由過客成為朋友，再慢慢地熟悉，然後分享心事，更重要的是，大家曾一起經歷過風雨，經歷過大大小小的磨合。

- 真正可交心的對象不需要多，在你身邊，不是所有朋友都能夠交心，籠統地說，有些是點頭之交，有些是商務之交，有些是合作伙伴，更有的是患難之交，甚至有的是酒肉朋友。但只要用心尋找到與你性情相近，大家能互相契合，那距離交心之路便不遠矣。

- 交心者，要緊記一個原則，就是互相重視和珍惜對方，兩者之間無分階級、性別、年齡，國籍和疆界。

　人是富有感情的生物，表達愛也是人類的強項，我們要盡量發揮和運用這天賦的本能，用誠懇態度去增加自己的親和力，用真情去維繫你的朋友圈，讓大家在相處之時，沒有戒心，只感覺自然和舒服。

　感情的邁進，由惺惺相惜，到兩肋插刀，你會不停地學習、體驗，並累積經驗。過程中，你必然會成功遇上值得你交心的人，而關鍵就是你們雙方能否願意付出、主動付出、和真誠付出。

6. ～ 母親的天職 ～

當嬰孩「呱呱墮地」的一刻，便標誌著一個新生命的誕生，同時亦代表著，一位母親剛完成了一項艱鉅而偉大的使命。當母親抱着初生的嬰孩時，便洋溢著滿室的溫情和喜悅，也意味著，「母親的天職」也從當刻起展開。

舊有的中國年代，生育是由男性主導，家父一直很想「追」一個女兒，所以，人家三年抱兩，而我家卻「五年抱五」，原因是頭四名都是男丁，直至五弟出生，父親才無奈地放棄「追女」這念頭。

然而，我的誕生，不單沒有為父母帶來半點喜悅，反而為他們增添了額外的負擔和長遠的憂慮，皆因我患了一種名為「先天性血管瘤病」，除了左手和臉部外，身體大部份地方都長滿血管瘤，導致各器官和皮膚表面容易出血，更影響雙腳的行動，且沒有根治的方法。從此，我便成為家庭中一個沈重的包袱。

當年父親的職業是裝修油漆散工，要親友介紹才有工作，沒有固定月薪。而母親是替人打住家工，由早到晚，主要是打掃、洗燙、煮飯、清潔等工作。她所賺的每分每毫，都全數奉獻給這頭家，面對著五個幼兒，母親不得不咬緊牙關，用頑強的鬥志來迎接生命的挑戰。

　　母親更為了我而承受過無比的壓力，曾經有親戚建議不如將我棄養，母親不答允，該親戚反問：「莫非他將來會為妳生金蛋不成？」母親反駁：「難道妳可保證，他其餘的兄弟會為我生金蛋嗎？」一矢中的，親戚無語。最後，母親無怨無悔地堅持將我撫養，為的是五個都是她的骨肉，骨肉繫，心連心，天下間沒有一種力量，能迫使母親捨棄自己的兒女。

　　母親是一個對人十分敏銳的人，特別對家人，無微不至。而且永遠都為人著想。她在家鄉的前半生，想必就是她最快樂的時刻，而婚後的生活盡是辛勞，並沒有真正享受過甜蜜幸福的歲月，她甚至沒有為自己留下甚麼，為了這個家和孩子，她全然付出。

　　令我們最感到自豪的，是母親能講得一口流利的英語。在貧窮農村成長的她，從未在學校接受過教育，只懂得寫自己名字的她，來到香港，認定自己的職業路向後，便跟一位老師勤學英語，當學有所成後，便應一位朋友的介紹，膽粗粗地向一個外籍家庭應徵，期間用英語自我介紹，再將外籍人家裡的餐具、傢俬和各樣物件用英語逐一讀出，準確無誤，結果順利獲聘。更感恩的是，那是一家善良及和藹可親的好僱主，我們都統稱這一家人為「哈佬（Hello）」。

　　後來「哈佬」欣賞母親的工作表現，便邀請她留宿做長工，但當時五弟還是手抱嬰孩，極需母親照顧，加上父親不時要外出工作，母親便要求「哈佬」准許攜子

工作，最後亦獲允許。所以，除了五弟，有一段很長的時間，父親和我們幾兄弟，每隔一至兩星期才能見母親一面，而每一次短暫的相聚，母親總會帶來不少玩具和食物給我們。

每當母親回家後又要再離開的時候，我們幾兄弟都會哭拉著媽不容她走，每次總要經歷一場呼天搶地的角力；大哥苦苦哀求媽多留一會，三弟和四弟則拉著媽不肯放手，五弟狂哭，彷彿要跟我們玩至天亮，而我就只好坐在門口位置作最後把關。當年的離合牽掛之情，到現在還歷歷在目。

母親是一個多愁善感的人，她會將一切不開心和受委屈的事藏於心底。她不寄望我們能飛黃騰達，只盼我們能做一個老實人。她不懂說什麼大道理，但卻用身教來教曉我們忠、孝、仁、義。她將自己一生的心血和精神都投放在我們幾兄弟身上。母親唯一的人生目標，就是盡力撫養好自己的孩子，叫我們健康成長，將來靠自己雙手幹活，能過獨立的生活。

天下的母親，都有一個共通點，就是將畢生的心血，不絕的汗水，和無限的精力，盡數傾注給自己的孩子。

事實上，我們五兄弟長大後，都不負母親的期望，在社會上各有不同的成就和貢獻，在家室中所有男孫、女孫，都培養出一份孝心，且各有專長和技能。我們亦

承傳著父母善良而正直的德性。

三弟和四弟亦是一名虔誠的基督徒,他們不時向父母傳福音,並經常用自身行為見證著神的大愛。又因著神豐盛的恩典和慈愛,令我們所過的日子,雖貧而不缺,勞累的卻常存安穩,艱苦的仍充滿喜樂。結果,父母亦深深體會到神的預備和供應,都先後接受了主耶穌為他們的救主,成為救恩下的兒女。

我一生最遺憾的,是未能於母親在生時盡一分孝,更沒有讓母親享受過半點清福,甚至從未為她親手捧上一碗熱湯。現在我唯一可為她做的,就是盡己所能做好本份,貢獻社會,絕不成為社會上的包袱,並將母親堅毅不屈的精神延續下去。

母親勞碌一生,她直至七十一歲才正式退休,退休後年許便發現患上肺癌,七十三歲便釋除地上的勞苦,在主懷安息,她偉大的母愛精神得以流傳萬世。而最終,她亦超額地完成了這份「母親的天職」。

7.～莫追悔～

一縷輕煙繞明月，明月倒影臥湖中；

湖中匯聚山村秀，村秀華美成仙境；

仙境桃園居弱女，弱女朝夕伴琴瑟；

琴瑟念記慈母恩，母恩浩瀚猶未報；

未報劬勞付流水，流水銷沒成追悔；

追悔莫如早珍惜，珍惜親情珍惜愛。

8. ~ 為「無障礙」發聲 ~

　　香港是一個現代化的城市，身為輪椅使用者的我，有幸生活其中。

　　為甚麼我會以「有幸」來形容生活其中？因為我所生活的城市，大部份的建築物及交通工具都是無障礙設施。在交通方面，幾間運輸公司包括港鐵、巴士公司、的士、部份小巴、渡輪等，有賴她們的無障礙設施和良好的服務，使不少殘障者每天可以無障礙地使用主要的公共運輸工具，也可輕鬆地外出工作、上學、往返醫院及進行社交活動等。

　　另一要表揚的是復康會的復康巴士及易達轎車，此非牟利機構在香港已經成立四十多年，主要為殘疾人士提供無障礙的交通服務，我也曾受惠於此機構，長達二十多年的優質而廉價的服務。

　　我還要感謝香港政府，她為了讓殘疾人士更能融入社會，獲得平等待遇，都不遺餘力地建設、改造和立法，大大改善了街道、購物商場、商廈及居住樓宇等，令無障礙設施得以更完善和普及。

　　以上一切，都有賴社會上各公、私營機構努力不懈的成果，創建了不少無障礙通道和設施，令長者、失明、弱視及輪椅人士等，享受暢通無阻的社交生活，讓他們真正體現融入社會。

　　然而，城市這麼大，加上人口愈趨老化，總會有不少地方可以改善的，例如社區上仍有不少商舖門口，都設有一至兩級階梯，令不少輪椅人士無法進入，因為很多樓宇或大廈，其樓齡關係未被納入無障礙規管範圍，所以仍然未能做到全城無障礙。不過亦有部份商戶，自發和自資改建適合輪椅使用的通道，令我們有更多消閒的選擇，這實在值得讚揚。

　　有一天，我經過一間理髮店，發現門口有一梯級，當老闆娘看見我時，便立即出來跟我說：「我們建造了一個流動斜台，如閣下有需要我可以隨時取出來協助你入內的。」這是我少遇到的「有心店舖」的其中之一。

　　關於無障礙通道 / 設施，我有以下改善的建議：

- 店舖門口假如有一石階，在合乎建築及通道規例下，可搭建一道斜坡，讓輪椅人士可以入內光顧。

- 有小部份公共殘疾人士洗手間，因使用率可能偏低，商戶便當作儲物室之用，裡面堆滿雜物，甚至上鎖，至遇上有需要的人便無法正常使用，希望有關當局能正視此問題，予以改善。

- 我曾經光顧過某些食肆，當店員看見我坐輪椅，便以阻礙通道為由，指定要我坐靠近門口位置，縱使內裡的間隔夠寬敞，他們仍堅持要我坐「門口位」，

這讓我有種被標籤的感覺。除非食肆內滿座或地方狹窄，否則，我也希望能像一般食客一樣，被一視同仁。

- 現時很多巴士站，都設有班次顯示屏，我覺得，倘若顯示屏能增設「聲音實時廣播功能」，讓失明或弱視人士，可以清楚聽到巴士到站時間，這有助他們能預計行程等安排，不用每次舉號碼牌以尋求他人協助，更可令巴士服務進一步完善。

- 香港是屬於科技先進的城市，不少手動輪椅已漸漸被電動輪椅取締，加上人口老化及無障礙設施比較完善，長者和殘疾人士使用電動輪椅也愈來愈普及，而電動輪椅是需要靠充電才能行駛，萬一遇上電池老化，便需要經常充電，倘若政府或私營機構在公眾場所，設置更多專為電動輪椅充電的設施，那便能解決輪椅人士臨時缺電的煩惱。以我所知，現時的西九藝術公園、香港會議展覽中心，及九龍塘港鐵站等均已設有該項設施，假如政府及港鐵能再增多幾個輪椅充電站那便更好了。

交換微笑

　　最後，感謝所有曾經為「無障礙」出心、出錢、出力的人士和機構，讓殘疾人士更能融入社會，共享社區繁榮，及至回饋社會。

9. ～ 修補 ～

　　我十分鼓勵人去做「修補」的工作。修補是將破損了的東西重新整合，使其回復效用，延續運作。而另一含意是，人與人之間的關係若破損了，便需要做一些挽救的工夫，以作修補，使其回復昔日的友好關係。

　　而今次我所分享的是後者，人與人之間關係的修補。倘若彼此的關係破損了，或者疏遠了，就需要盡快作出修補，否則時間拖得愈久，便愈難修復，最終可能會無疾而終，失去一段寶貴的情誼。

　　我太太曾經有一位很要好的朋友，其親密程度好比姊妹相稱，但奇怪的是，那位姊妹卻不時向我太太提出：「妳老公會比妳更早離開這世界」的訊息，又囑咐她如何適應一個人的生活等。我不知那位朋友的出發點如何，但後來我太太忍受不住而跟她斷絕來往。我知道那位姊妹的心腸並不壞，與我亦能保持良好的溝通，實未至於到達絕交的地步。於是我請求太太跟那位姊妹復和，但我太太始終缺乏動力，最終錯過修補關係的好時機，這段姊妹情便在不了了之下告終了。

　　人際關係有很多種類，有男女朋友關係，父母子女關係，上司與下屬關係，同學關係，弟兄姊妹關係等，大家認為，那一種關係較為重要？那一種關係若破損了便特別難以修補？「關係」是一專門及複雜的學問，卻

無分哪一種重要，那一種不重要，因為每一種關係，都需要我們花時間、精神去經營、去建立。我未曾在相關議題上作深入研究和探討。我只知，若兩個人的關係出現了裂縫，別幻想將它丟淡後便會自然修復，其實有很多彌補方法是可以參考的：

- 文學家周樹人 (魯迅) 有一名言：「渡盡劫波兄弟在，相逢一笑泯恩仇。」

    意謂一個笑容，能夠將之前的恩恩怨怨都化解了，皆因大家深厚的「兄弟關係」還在，關係在，便能再度將「情」燃起，並延續，這需要大家都擁有寬廣之胸襟。

- 說一聲「對不起」，這是最簡單、最直接和最省時的方法，一句充滿誠意的「對不起」，包含著寬恕、大方、包容和體諒，一聲「對不起」能換回一份情，怎樣計都划算，關鍵是你能否率先拿出這份勇氣，向對方說一聲「對不起」。

- 送一份小禮物或親手做一張心意咭，雖然比較老套，但卻能顯示你一番心思和誠意，但我覺得這方法如用於異性間會較為理想。

- 寫一封信，但不一定是道歉信，只要把心中所想的，或難以宣諸於口的，用文字表達出來，對化解雙方的怨氣極有幫助，雖然比較花時間，但我認為這是眾多方案中最是有效的，亦能免卻親自開口的尷尬場面。如果當中能展現你的誠意或歉意，必能打動對方的心，從而成功將關係修補。

- 現今通訊軟件這麼發達，隨時按個鈕，便可將恩怨化解，何樂而不為？起碼對方會知道你重視他，亦會感受到你的誠意。但如果發現對方「已讀不回」，那你就要另行再想辦法了。順帶一個溫馨提示，假如有空的話，不妨在通訊錄內，尋找一些久未聯絡的親人或朋友，送上一句祝福或問候語，以保持雙方的聯繫，避免關係愈來愈疏遠。

- 每個人看事物都會有不同的觀點和評價，當你的見解與對方的出現落差時，千萬不要動輒發怒，應嘗試易地而處，便會見到事情的另一面，從而找出一個雙方都能接受的方案，以減少不必要的爭拗。

- 相約三五知己出來聚餐，藉着社交場合的良好氣氛，增加交流，營造破冰機會，繼而彼此寬恕，期望恩怨能得以化解。不過，日後還要靠大家的繼續聯絡、坦誠溝通和相處，才會將「修補」的效果做得更理想。

以上是修補關係的其中一些建議，修補是一項頗費心思的工程，這工程的成敗則視乎你的誠意、心態和氣量，或是否重視那段關係。小弟見識淺薄，如有更好的建議，歡迎讀者賜教。

10. ~ 建立 ~

依上文所述，修補是一項工程，那麼，「建立」就是一件恆常的工作。與其花心思、時間去作事後修補，倒不如在事前工夫上下一點苦工，集中精力在基礎上去建立。

我比較著意在情感關係上的建立，不同的群組，可以建立不同的德性，不同的德性可以凝聚人與人之間更親和的關係。而我所指的德性，就是包含著：仁愛、和平、忍耐、良善、信實、溫柔等等。

我們的人際關係，就是在不停地建立，不停地推展，只有持續、穩妥的建立，才能發展出穩固而長遠的情誼。

大家可以透過以下方式，來建立一段真摯而恆久的情感關係：

- **擁有良好的情緒智商 Emotional Quotient（俗稱 "EQ"）**

  情緒智商就是指個人在情緒方面的管控能力，一般被稱為 "EQ"，EQ 高的人會用理性分析來解決問題，不輕易發怒，也不會隨便開罪於他人，當處理紛爭時會懂得避重就輕。它可助你跟不同觀點的人，保持良好的溝通。坊間有很多資訊介紹情緒智

商 (EQ)，有興趣想深入了解者可於網上搜尋，以獲取更多相關的資訊。

• **接納與尊重**

每一個人都擁有獨特的個性，也有不同的價值觀和喜好，我們要為自己及朋友建立合理的期望；尊重他人的需要及想法，接納對方的弱點和限制，對人對事都要保持包容和開放的態度。

• **多讚賞，多鼓勵**

適當的讚賞，由衷的鼓勵，會予人一種被認同的滿足感，此舉能增添別人的自信心之餘，還可提升他們的積極感和進取心。舉例：

「今天妳所烹調的餸菜，色、香、味俱全，實在令人回味無窮，我給妳 100 分！」

「你的文章寫得真摯動人，容易令人產生共鳴，唯錯別字頗多，這點需多加留意，繼續努力！他朝必成為一名出色的作家。」

當別人得到你的讚賞和鼓勵時，內心會充滿感激和欣喜。從被表揚者的角度看，我們要時刻體會別人對你的微笑、讚賞及支持，常存感恩並感謝對方給你的賞識與鼓勵。以上的交流互動若持之以恆，大家的感情可望又邁進一步了。

- **學習良好的溝通技巧**

  良好的溝通有助建立良好的人際關係，向新朋友主動微笑、打招呼、分享等，是釋出善意的表現。說話要懂得分輕重，避免涉及人身攻擊。而細心聆聽、適切的回應、誠懇的態度加主動的關懷，以上都是溝通技巧的要素。只要我們恆常學習和運用，漸漸地，你會愈來愈享受跟人互動和溝通的樂趣。

- **「良性的激辯」能提升雙方的感情？**

  當大家的感情達致相當成熟的階段時，不妨加一點「衝擊」的元素，而「激辯」就是其中之一，我所指的是理性的辯論，加適當的火花，當然要懂得相互尊重和掌握說話的技巧，能收能放，而情緒智商(EQ) 的運用尤為重要。當經歷一場「良性激辯」之後，便會加深彼此的認知和了解，你會發現你們之間的感情便更上一層樓。

- **聆聽對方，擺脫以自我為中心**

  「自我中心」往往會成為雙方交深的絆腳石，許多人為了自我保護，凡事都以自己為出發點，忽略了別人的需要和感受，導致關係也未能進寸。我們要學懂放下以自我為中心，多主動觀察、聆聽別人，從而得知他們的想法和需要，並提出適切的協調，加深彼此的認知、認同，從而建立更深層的互信。

交換微笑

- **投入真感情和同理心**

  主動去關心和了解別人，多與他們保持聯絡和溝通。多嘗試站在對方的立場看事物，多用同理心，建立良性互動及平等的關係。跟人相處時要付出真誠和真感情，對方便會覺得與你做朋友會很舒服，亦不會有戒心。

- **要多提問、多回應**

  在建立相識、相知關係的過程中，最重要的元素就是溝通，坦誠的溝通能夠消除不少誤解，當彼此交流時，適當地向對方提出問題，然後耐心傾聽、分析，再回應。如是者，彼此便會更深入地了解對方，減少因猜疑而產生的誤會。

　　儘管「建立」需要花更多的心思和耐性，但只要基礎能打得好，雙方本著互信而產生的情誼，關係自然會穩固而長遠。假如能掌握上述「建立」的重點，將來需要「修補」的機會也會大大減低，在尋找「交心」對象時也必能事半功倍。

44

11. ~ 小時候被體罰所用的「十大刑具」~

七十年代，我們一家七口，除了母親全都是男丁，咱們五兄弟的感情相當要好，少有爭吵。只是那個年代，「體罰」是一種「家常便飯」的事，只要有孩子的家庭，總會有一條籐條，作為體罰之用。

家父是軍人出生，他的管教方式非常嚴厲，他有一套理念，就是「棒下出孝子」。而當年的政府好像沒有規管「教仔」的法則，鄰居也沒有人敢投訴「虐兒」這回事。

至於我們的父母一般會用甚麼「刑具」來施行體罰？以下就是我們家在當年曾經用過的「十大刑具」，現與大家一一陳述，但務請各位家長切勿模仿，以免損害親子關係，並誤墮法網。而相關 「刑具」的次序，由「輕刑」至「重刑」起逐一倒數：

- 第十位 ~【衣架】

  衣架除了用來掛衣服外，原來也會發揮「教仔」之用，這也是母親的專用「刑具」之一，不過母親比較慈祥，非必要時都不會採用體罰，就算出手，她都會放軟手來打，被罰者通常只會叫而不會痛。

- 第九位 ~【毛巾】

  別以為我身體有缺陷便可以獲豁免「刑責」，家裡有一件父親專用來「對付」我的「刑具」，就是白毛巾，因為打在我身只會痛而不會造成傷害。以往家家戶戶普遍都會有幾塊，用途非常廣泛，卻想不到它竟會成為一件「刑具」，而諷刺的是，白毛巾上還繡著鮮紅色「祝君安好」的招牌字樣。

- 第八位 ~【膠拖鞋】

  母親專用，主要是因為方便和順手，通常會反轉拖鞋，用鞋面拍打兄弟們的手或腳，不會用鞋底，以免弄髒孩子們的衣服和身體。

- 第七位 ~【筷子】

  傳統的中國家庭，父母很喜歡在餐桌上訓導子女，讓孩子們學習禮儀之餘，還學懂一些做人處世的道理。在訓導的過程中，我們的父親有機會動怒而施以「刑罰」，也許是叫我們留下深刻的印象，避免重犯。

  以下是當年我們在餐桌上，曾經觸犯過的錯處而被「筷子」作為懲罰工具的例子：

- 提筷子的手勢不正確，有損中國傳統文化；

- 「飛象過河」，意思是夾碟上對面的菜，代表不禮貌；

- 「電視送飯」，吃飯時如太專注看電視，會隨時被父親飛來的筷子擊中；

- 提筷子的手，如果食指伸直並指向別人，表示不禮貌，也會隨時遭殃；

- 筷子咀若沾上飯粒而去夾餸，不合衛生；

- 吃完飯的飯碗內如剩下飯粒，表示浪費，將來還會娶著一個「豆皮婆」。

倘若我們干犯以上禁忌，家父便有可能執行「刑罰」，我們隨時會被一招「無影筷」擊中，而筷子頓時會斷為兩截，這招可怕的地方，是突如其來，出招前並沒有預先警告。

事實上，父親多年來在餐桌上，確實教曉我們不少做人處世的道理，當中大部份都是循循善導而沒有採取體罰的。

- 第六位 ~ 【雞毛掃】

雞毛掃分為兩端，有雞毛的一端用作掃走塵埃，而

另一端為籐條狀的木條，是家長門專用來對付頑童的，如此一物二用，也許是設計者的「精心部署」。

- 第五位 ～【籐條】

  籐條，通常是掛在牆上的當眼處，它具有一種震慑的作用，特別提醒孩子不要「曳曳」，否則便大刑侍候，來個「籐條炆豬肉」可真不好受呢！不過，這個我家用來「造勢」多於實際用途。

- 第四位 ～【晾衫丫叉】

  聽名字已知其殺傷力驚人，父親曾定下一條不明文的家規，就是每個家庭成員每晚 11 點前，都必須要回到家中 (參加飲宴除外)，每當時限一到便即關門鎖閘，任何人都不得進出。

  那些年我們的大哥特別外向好動，加上正值青春和反叛期，不時會超越「11 時的死線」，而每次進入晚上 10:55 的倒數時段，父親便會拿著一支晾衫丫叉守在門口，恰似守門大將軍，而母親就站在背後心急如焚。那情境，全家人都望著時鐘一秒一秒的過去，緊張氣氛令人透不過氣。結果，幸運之神並沒有眷顧我家，當踏正 11 時，父親便將鐵閘上鎖，鎖匙牢牢地握在手中。

  11:08 大哥才到達門口，母親哀求父親開鎖，父不允，大家對峙了數分鐘，大哥打算掉頭走，母親大驚，於是奮不顧身，企圖從父親手中搶奪鎖匙，父親「手一

「鬆」鎖匙被奪去，當鐵閘一開，父親便將手中叉向著大哥直搗過去，母親施展一招「螳臂擋車」攔在中間，父親最終不欲傷及母親，便唯有收手。於是母親大聲著大哥避入廁所關門梳洗 …… 最後，事件從父親的謾罵聲中漸漸地平息過去。

- 第三位 ~【摺櫈】

  一次，四弟不小心將父親買回來的一盒蛋撻傾倒在地，他闖禍之餘，還在父親責罵時加以頂嘴，這「火上加油」的舉動令我們大吃一驚！父親勃然大怒，準備出手，我們都知道四弟即將大禍臨頭，就在此時，大哥突然搶先出手，並順勢拿起一張摺櫈向著四弟橫掃過去，摺櫈「嘭」的一聲落在四弟身旁的五桶櫃，接著，大哥再朝向四弟迎頭一擊，同樣「嘭」的一聲，摺櫈從四弟側面擦身而落，重重拍在地上，大哥還學著父親的口吻：「衰仔！竟敢駁嘴駁舌！」父親當時也沒料到大哥有此一著，心想：「長子終於學會了我半成的威嚴。」

  想不到，大哥自導自演這場「大龍鳳」，竟然化解了父親的怒氣，還協助四弟逃過一劫，令他絲毫無損，如此手足之情，不言而喻。

- 第二位 ~【小李飛刀】：

  一天，家父躺在床上，眼睛半開半合地對著播放中的電視，當時三弟以為他睡著了，便好心將電視代為關上，誰不知原來父親正在追看劇集「小李飛刀」，當螢幕一黑，雷霆又一觸即發！燥父隨手在桌面上拿起物件便向三弟飛擲過去，說時遲那時快，父親在「出招」前的 0.1 秒，才發現手中所持的原來是一把餐刀！在千鈞一髮之際，立時將功力一收一轉，餐刀「颼」的一聲在我三弟的三尺範圍外略過......三弟愕然，心裡百思不解，何解父親會如此動怒？幸好他擁有良好的心理質素，沒有造成恐懼陰影。

  然而，當刻是父親一時失手？還是在「飛刀」前的一刻忽然覺醒？想必，只有父親自己才最清楚。

- 第一位 ~【大鐵鎚】

  最後出場的，當然是以上所有「刑具」中最無可匹敵的，它就是我們的「家傳之寶」大鐵鎚！

  家父是一名裝修技工，他是精通俗稱三行的：泥水、木工、油漆。他所承接的每項工程都非常認真和專業，為人細心、盡責，所以很多工程判頭都欣賞他精湛的技術而委以重任。

父親擁有一個他珍而重之的籐籃，裡面裝滿了他的「謀生工具」，包括木刨、三角銼、各式的鉗子、水泥劙、平衡尺、鐵鎚等等。而每一件工具他都非常愛惜，並會在工具上精心地刻上自己的名字，表示屬私人工具，不會與其他工友的工具混淆。父親每次打開籐籃給我們看時，都會很自豪地將工具的用途逐一講解，又會以似是而非的口吻跟我們說：「你們誰個不聽話，我便會用最利害的大鐵鎚來給他『大刑侍候！』」為此，我們每次看見這個籐籃時，都會有種敬而遠之的感覺。

　　當年，我們跟傳統家庭一樣，家裡設有一個「神檯櫃」，是用於上香及拜祭祖先之用。但自從父母信了主之後，便一直擱置沒用。一天，牧師建議我們將之拆除，好讓我們能真正成為一個屬基督的家庭，父母亦隨即允許。在拆卸期間，因為神檯櫃太高又太重，於是父親便出動他的「老拍檔大鐵鎚」協助，方能將之逐一拆件並運走棄掉。

　　最終，大鐵鎚不單沒成為我家體罰的「刑具」，反而立下功勞，為我們完成了一項偉大的任務。

　　一個嚴父，一位慈母，加五名難兄難弟，組成了一個滿載溫情的家庭。雖然這個家曾經歷過無數驚心動魄的場面，但我們有的是愛，有的是團結，沒有隔夜仇。當中更糅合著不少溫馨的情節，我就是在這樣一個家庭長大的。

交換微笑

時至今日，體罰已列為一項刑事罪行，但願以上那曾經叱咤風雲的「十大刑具」，從此在「江湖」上消聲匿跡。

12. ~ 帶您回顧 70 年代的過新年 ~

今天，我想帶大家緬懷 70 年代，我們童年時最開心的節日，就是過新年。新年 (農曆大年初一)，是中國人最重視和喜慶的日子。

俗語有云：「年廿八，洗邋遢」，就讓我先從農曆年廿八說起，這是中國傳統習俗，每家每戶都會在這一天大掃除，又會用柚子葉洗澡，寓意是將所有骯髒的東西及霉氣都清洗乾淨，亦帶有破舊立新、興利除弊的含意。

年三十晚 (又名大除夕)，過年氣氛漸濃，一大清早，我們的父母便趕到街市買菜，彷彿遲了便買不到最新鮮的食材，如此為的就是要準備晚上一頓豐富的團年飯。

團年飯 (又稱年夜飯) 是中國人一年到晚最重視的一餐，合家成員無論身處有多遠，都會不惜舟車勞頓地回到祖家，齊齊整整地吃這頓飯。我們是廣東人，所煮的菜式包括：髮菜蠔豉、冬菇炆鮑片、蔥油白切雞、清蒸石斑魚、茄汁焗大蝦、腰果炒雞丁，當然還少不了一煲老火靚湯。以上佳餚配上父母的精心烹調，和對兒子們一份無私的愛，構成了一副溫馨和完美的家庭樂照。

飯後，就是我兄弟們的重頭戲：「派財神！」這也

是他們一年一度「賺外快」的好時機，兄弟們會預先用一元八塊買幾張大紅紙，然後將紅紙切成數十張長方形小紙，跟著在小紅紙上用毛筆寫上「財神」二字而變成一張小揮春，接著每人分發一疊，然後分頭在屋邨內逐家逐戶拍門，當戶主開門後便大喊一聲：「財神到！」戶主在新春期間，斷不能立時關門拒絕財神，當然要把財神接下。然後根據習俗，給予派財神者利是一封。於是接財神者有望新年可以發大財，而我的兄弟們便發了小財，皆大歡喜。

大除夕夜，我唯一最大的貢獻，就是幫父母包利是。臨睡前父親會給我們每人（包括母親）一封壓歲錢。壓歲錢是漢族傳統的過年習俗，一般在新年倒計時由長輩將錢放入紅包內給晚輩。其寓意是可以壓住邪祟（「祟」即不吉祥的東西），如此，晚輩便可以平平安安地度過一歲。

大年初一，早上六時，天寒地凍，眾人仍在被窩中熟睡，母親便起床打點一切；煮齋菜（每年的年初一午飯，我們都按傳統煮一碟齋菜）、煲湯、搓麵粉做湯圓、炸油角、上香拜神等，一個人預備七個人的飯菜。

十時許，我們陸續起床，臉未洗便先向父母拜年，別輕看此環節，父親看似漫不經意，但其實十分重視我們的祝賀詞和態度，假如一個不留神用錯賀詞，或說了不吉利的話，輕則當頭棒，重則皮肉開花。哈哈！我們又怎會以身犯險，每人心裡早已想好對白：「恭喜發財、

萬事勝意、身壯力健、龍馬精神、財源廣進、馬運亨通、出入平安、如意吉祥......」兄弟間早有默契，輪流唸出，絕不重複和馬虎。

乖巧的兄弟們，還會輪流在全盒內取一粒糖蓮子，然後各自放入兩杯熱茶裡，再親手捧入廚房，分別向勞碌中的母親和父親誠意奉上，如此，兄弟們便可額外地多兩封「斟茶利是」。但我知道，兄弟們其實並不在乎取利是，而是藉此衷心地向父母表達一份愛意，感激他們由年首到歲尾，為家庭、為我們五兄弟傾力和無私的付出。

我因為行動不便，從來都沒做過此「敬茶」舉動，但有誰知，我內心對雙親那份感激之情，委實不在眾兄弟之下呢。

食過新年飯，各人都換上新衣，並帶著早已準備好的賀年手信和利是，出發前往親戚處拜年，兼「逗利是」。因我不良於行，搭車又不方便，父母通常都會留我在家，但我從不介意，因為可以樂得清靜，及享受數小時的寧靜空間。而我的兄弟亦會代我收集利是，回家後便分還給我，所以我常常笑自己不勞而獲，坐享其成。

一件難忘的趣事，某年的初一，我們年紀還很小的時候，大家正在歡歡喜喜地享受新年飯中，我們的三弟，突然衝口發問：「一息間，我們飯後會到姑媽處拜

年定還是拜山呀？」一句天真無邪的提問，四週頓時靜了片刻……接著，各人都幾乎將飯從口中噴出。最後，小子當然是吃了爸爸一記耳光，這一趟算是小懲大戒了。

年初二中午，一家人食過豐富的開年飯後，又是忙於四出拜年，其後的數天亦如是。而間中也會有親戚來我家拜年，因此，家裡的糖果餅乾便放滿櫃檯，有時候，父母亦會將部份禮物當成賀禮轉送給別人，此舉不浪費之餘還可以節省不少買手信的金錢，名副其實的「禮尚往來」。

數十年來，雖然每個年頭都是依舊模式的過，但當中卻累積著我們一幅幅成長的片段，及童年時珍貴的回憶。可惜那些年智能電話尚未普及，以至我們無法將寶貴的情境，及銘記的濃情以實照留住，只能在腦海裡留下一段段美麗的回憶。

歲月流逝，我們都長大了，每逢過節，席上都增添了我們黎家的媳婦和孫兒。記得那年的團年飯，父親因體弱多病而被迫戒了酒，當晚開飯時，他忽然放下一貫大男人的尊嚴，要求母親給他喝一點酒，後來母親心軟，加上大哥的求情，結果，母親取出父親最愛的「九江雙蒸」白酒，斟了一少許給他，我看見老父捧著杯的手有點輕微顫抖，他的雙眼望著眾人，更流露出一份喜悅和滿足之情，並舉起杯向眾人說：「乾杯！」

然而，父親只喝了一口便將杯放下。我心裡頓時浮

現出父親曾經說過的一句話：「當身體不適，入口的酒便會感覺辛辣，難以下嚥 ......」。

在我的記憶中，那一餐就是我們一家最齊整而又最圓滿的團年飯。

今天，大家又可曾珍惜那些與家人共聚的時光？在珍惜之餘，還請以實際行動，時刻為家人送上適切的關懷和真摯的慰問，用愛來連繫著每一位家人的心。

13. ~ 我的左右手 ~

馬路上，行人熙來攘往，我推著輪椅左穿右插，不是要避開行人，而是要行人閃避我，原因是我的左右手不能協調，左手健全有力，右手彎曲無力，當雙手同時推動輪椅時，便難免以 'S' 形路線行駛，不能直線而行。（以上情況，是我在轉用電動輪椅之前所經常發生的事）

我的左手常常投訴我的右手：「從小到大，我的工作量都比你多十倍、百倍，人家一雙手一同幹活，合作無間，而我很多時都被迫孤軍作戰，無論進食、穿衣、洗刷、過床等，名符其實都是由我『一手包辦』。還不只，每次到醫院打針或抽血等，總亦要偏偏選中我，這世界對我實在不公平！」

我的右手常常自責：「為什麼我會天生殘缺？不單外表醜陋，所有關節更僵硬無力，甚至連扣鈕、斟水及送食物入口這些簡單動作也做不來。有次我主動伸手給護士抽血，可恨連半點血都抽不出來(因找不到一條正常的血管)。從小到大，我都不能與左手『並肩作戰』！」

一天，我為了要提升在公司的工作效率，便下了一項決定，就是要學懂打字，不只懂，還要快，我要設下每分鐘輸入達 40 字為目標，這也是一般文職工作最基

本的打字速度要求，我要堅持若不達標便勢不罷休！

　　決心一出，我的左右手隨即面臨有史以來最大的挑戰；左手先埋怨：「根本沒可能，我只得五隻手指，就算不計數字鍵和標點符號鍵，試問怎能同時管控鍵盤上的 26 個字母？縱使可以，也必然超出時限以外。除非，我們十隻手指能平均分配工作，各指頭能夠負責自己所指定的崗位，但右手你能肩負得起嗎？」

　　「你所說的平均分配 ......」右手問，「那我該負責那些鍵？」

　　左手拿出鍵盤，說：「我負責 A、S、D、F、G 及 Q、W、E、R、T...... 而右手你就負責中行的 H、J、K...... 及上行 Y、U、I...... 並下行的 N、M......」還有，左手續道：「最重要的是清楚分工，每隻指頭也有指定崗位，你的食指負責 H、Y...... 中指 I、K...... 而指公及無名指負責 ......」

　　左手循循善誘地教導右手，因為他知道，如果十隻手指未能充分合作，斷不可能達成目標。

　　「那頂排的數字鍵又如何分配？」右手惆悵地問，「那當然是你負責右六鍵，我負責左六鍵啦！明知故問！」左手有點不耐煩。

　　到開始練習時，左手已第一時間將五指擺放在自己

所屬的位置上，而右手 …… 因中指和無名指本身腫脹，食指彎曲，尾指無力，再加上腕骨僵硬並難以轉動，根本連擺位也有困難，更談何落指操鍵？

面對困境，我們只得兩條路選擇，一是放棄，二是將它克服，結果左右手經過商議後，都同意選擇第二條路～「克服它」。

右手最大的障礙是關節僵硬，筋絡委縮，要解決只有一個方法，就是靠左手協助舒緩伸展，讓右手各關節能盡量鬆弛，以改善活動能力。縱然左手有幾許不願，但他都知道唇亡齒寒這個道理。於是左手便幫右手勤做運動，拉筋、按摩、按壓、伸展等。過程中導致左手勞累不堪，右手疼痛難當。但經過連日來的搓揉伸展，右手的關節和筋腱果然鬆弛了不少。

也因著這幾天的緊密相處和接觸，「兩手」的感情竟然也有突破性的增長，關係也拉近了，相互的了解也加深了。左手再沒有向右手發怨言，而右手的自信心亦增強了不少。

再辛勤多數天之後，他們再次拿出鍵盤來練習，這次，右手可以順利地管控屬於自己的鍵鈕，但唯一不能伸指觸及的，就是頂排的數字鍵，於是左手便慷慨地說：「只是多了五只鍵，以後就由我來替你兼負吧！」

如是者，左右手無間斷地練習打字，經過數月，他

們的速度由每分鐘十個字，進展至每分鐘 35 字，只差 5 個字便達到目標。

其後，我參加了勞工處展能就業科的打字評級測試。結果，我衝破了自己的限制，並取得了每分鐘能輸入 42 字的成績。

有一首歌的歌詞是這樣：「命運在我手永不低頭......」不錯，掌握命運除了靠雙手，還要靠我們的意志、堅毅和努力，不放棄，不說難，不推搪，不懶惰，才能向成功之路邁進。

自此，左右手的感情可謂突飛猛進，左手常常替右手的筋腱舒緩按壓，而右手則繼續勤練肌肉和關節，務求保持最基本的活動能力。其實右手有部分工作是左手無法替代的，就是執筆寫字和控制電動輪椅的操控桿。

以上左右手的實況經歷，令我想起以下經文，亦希望能與您分享：

「全身都靠他聯絡得合式，百節各按各職，照著各體的功用彼此相助，便叫身體漸漸增長，在愛中建立自己。」【以弗所書 4:16】

後續：

一天，右手問左手：「你最大的願望是什麼？」

左手有些靦腆：

「我 ...... 從未拖過女孩子的手，不知其感覺如何 ......」

右手：「這個 ...... 你真是妙想天開呢！」

14. ~ 不一樣的婚禮 ~

禮堂上的伴樂聲中，帶出一對新人，兩手緊握並作出以下的承諾：

「...... 我願意娶妳莊寶玲為我合法的妻子。」

「...... 我願意嫁你黎鴻亮為我合法的丈夫。」

輪椅上的新郎 + 天使般的新娘子 + 神的祝福 + 180 位親友的見證 + 一段承諾 + 同聲「我願意」＝ 阿亮與寶玲「不一樣的婚禮」。

2003 年，香港經歷了一場世紀疫症 (SARS 非典型肺炎)；同年 12 月 25 日，我和寶玲舉辦了一場「世紀婚禮」，兩件「世紀」大事同年發生，在籌劃婚禮的過程中，我們遇上重重挑戰，也曾經躊躇著是否需要將婚禮延期。後來我們將此事交託於神，同時間亦憑著信心繼續籌備。結果疫情慢慢放緩，我們亦感受到神為我們開路，最終婚禮得以順利進行。當天，在 180 位親友面前，我們見證著神偉大的恩典和奇蹟。

*****　　***** ***** ***** ***** *****

說說當年我和寶玲相識、相知和相戀的故事。寶玲是一名專業護士，她擁有一副嬌小的身材，個性活潑開朗的她，充滿愛心，樂於助人，還帶一點天真爛漫。

那年，我住在一所殘疾人士宿舍，寶玲應一位朋友的邀請來探望另一位室友，如此我們便間接地認識了。那時我的性格是斯文內向，沉默寡言，與寶玲的性格大相徑庭，她常常形容我是一名「悶蛋」。而在我心目中，她是一位完美的天使。當時，我只能將對她的感覺藏於心底，從不敢對她有非份之想。

有一次我入了醫院，我並沒有告知任何人，但不知為何內心總惦記著她，心想如果寶玲來一次探望我也不為過呢，那些年我還未有智能電話，於是我便鼓起勇氣寫了一封信給她，但刻意沒透露我在那間醫院，也許是想學電影情節，玩一個緣份遊戲吧。誰不知，信寄出後的第三天，一個過了探病時間的晚上，她突然出現在我病床前，令我感到非常意外，及充滿莫名的驚喜，她是在下了班才趕過來的，還買了一碗雲吞麵給我，雖然那麵已經又涼又乾，然而，那是我人生中所吃過最美味的一碗麵。

***** ***** ***** ***** ***** *****

後來我成功申請了公屋，被編配了一所個人單位。寶玲與另一位姊妹經常來我家查經和祈禱，漸漸地我們都熟絡了，但我仍然是她心目中的「悶蛋」。不過我們

有一個共通點，就是愛寫信，在信中，我會毫無保留地講述我的故事，和心底裡的所思所想。不經不覺，她也感受到我的優點，就是對所有人都出於真誠，和擁有一顆善良的心。她甚至覺得我能給予她一種心靈上的安全感。

在相處中，我會很自然地將一切最好的給她，也會將她一切的所想所求，都放在心中最優先的位置，然後想辦法去為她逐一實踐。

記得有一次，寶玲被一個沒放好感的追求者常常纏擾著，於是她想出一個辦法，就是要我在那個追求者面前，假扮是她的男朋友，這種事我以為在電影情節上才會遇到，誰不知竟發生在我身上，我當然樂意成全，結果也成功地「擊退」那位追求者。

沒多久，我們終於成為情侶，我們沒有轟烈的愛情，我們的情感，就是一點一滴地累積起來的。

拍拖初期，並非一帆風順，一如預期，寶玲的母親強烈反對，其次是她部份的家人、朋友、甚至她教會內某些姊妹。而大部份反對的理由，都是擔心我沒能力去照顧她，怕這段感情也不會長久。

那段日子，寶玲承受著巨大的壓力，她甚至曾想過放棄，而事實上，我們確曾有一段時間為冷靜期。但冷靜過後，我們才知道對方的重要，對這份感情亦更加堅定和更有信心。

雖然我身體有缺陷,但我有一份穩定的工作,生活上可以自給自足,從不需依靠他人。我也對生命充滿熱誠,對克服逆境亦滿有自信,對堅持信念更抱有一份執著。我從來都不需要別人照顧,我甚至有信心可以照顧身邊的人。

***** ***** ***** ***** ***** *****

返回紅地毯現場;當彼此不用交換對白,便能夠讀取對方的心;當我們都意識到,彼此需要互相依靠,互相扶持,很想一齊生活,一齊建立一頭家。那一刻,我們便有信心和決心,走更長更遠的路,共同組織一個幸福的未來。

當詩班員為我們送上詩歌「愛是不保留」之後,外母緩緩站了起來,寶玲彷彿與她心靈互通,也隨即走到她面前,兩母女相擁而泣,那刻並非因傷心而哭,而是表達女兒要出嫁那份難捨難離的情懷。寶玲在母親耳邊說:「媽,妳放心,女兒向妳保證,我們必定會生活得幸福的。」外母也叮囑一句:「多回家喝湯 ......」

然後,一切盡在不言中。

我知道,外母願意將女兒交給我,絕非一件容易的決定,當刻,我向現場嘉賓許下承諾,我會盡我一切的能力,去好好照顧寶玲,令她每天都活得開心,活得幸福。

***** ***** ***** ***** ***** *****

　　不經不覺，我們已經歷了 18 年的婚姻生活，大家都感覺這些日子過得很愉快，很享受。我們每天都有不同的話題，我們有良好的溝通，我已經不再是她當年口中的「悶蛋」。我們能夠互相尊重和包容，能體察對方的需要。也許，這就是婚姻生活所具備的必要條件。我也一直信守承諾，令寶玲每一天都感受到幸福，沒有辜負她和她家人、朋友們的祈望。未來，我們也有信心能夠廝守終生。

15. ~ 麵包師「婦」~

有一段日子，我太太特別愛上了做麵包，她認真的程度無人能及；先從網上訂購了一部麵包機，然後到專門店採購做包材料、工具和書籍等，再然後搜尋網上教人製作麵包的視頻。當一切準備就緒後，便開始進入她的「宏偉創舉」。

在製包的過程中，她不顧手部的勞損舊患，將麵粉團搓揉搽壓，有板有眼，滿有大師傅的功架，看樣子也樂在其中。經過一輪「翻天覆地」後，熱騰騰、香噴噴的麵包終於出爐啦！且慢！當然要先讓鏡頭「品嚐」，接著再來個自拍留念。

然而，意料不到的事情發生了，出爐麵包竟硬如石頭。老婆望著「石頭麵包」觀察了好一陣子，又不停地反思，在那個步驟出了盤子？最後，唯有只吃中心較鬆軟的一小部分，還好，仍不乏麵包本身的香濃味道。

於是，老婆便重振旗鼓，再作嘗試，但這次搓粉前水落多了，麵團太稀，搓極都搓不起，後來花了大量功夫，才將粉團「起死回生」。

如是者，她再接再厲，當中經歷過成功、挫折、再嘗試、再成功......由於功多藝熟，成績也一次比一次進步。而每次，她都會將累積的經驗記下，作為下一次的借鑒。

　　老婆每次都會要求我為她的製成品評分，而我總是會給她 100 分，因為，無論麵包本身值多少分，我都會加入她的努力、心思及誠意等作為評分標準，所以，合計起來便會成為 100 分。

　　一天，老婆為了要將技術更上一層樓，便精心焗製了一盤流心朱古力果仁麵包，因為每次我都是給她 100 分，她認為我所給的分數不能作準，於是便著我帶兩個「製成品」回公司，給我的老闆們品嚐，並要他們給予評分。我心裡頓時一愕！心想，我老婆的成績雖然有所進步，但人家一向慣嚐美食，對食物質素亦有所要求，我擔心他們未必會看得上我們的麵包呢！但見老婆一番誠意，我怎能「違抗聖旨」？於是唯有硬著頭皮，奉命行事。

　　原來，我們平日所吃的一個普通麵包，其誕生過程，是蘊含著製包人無限的心思和勞力，當中更糅合了不少的人情味，及香港人努力不懈的精神。而每一個製成品，都是我們辛勤付出所得來的成果，是值得我們去欣賞和珍惜的。

　　第二天，麵包其實已經隔了一夜，雖然仍保持原先的香氣，但已沒有新鮮出爐當刻飽滿的效果，我怕會被扣了若干分，也不知老闆們會否嫌棄。回到公司，當我將麵包送給老闆們時，他們不但欣然地接受，並即時品嚐。吃完後還由衷地贈了一句：「很好味！寶玲的技術果然了得！可以開一間麵包店了。」那一刻我感到既開

心又如釋重負。

回家後，我將老闆們的評價轉告給寶玲，她聽完後不禁展露笑顏，更從心底裡發出絲絲然的微笑。原來，她所追求，所渴望的，就是一個這麼簡單的回應。一聲讚許，一份認同，便是她最想得到的回報。她就是一個這麼簡單又容易滿足的女子。幸福，又從她臉上展露無遺。

借此介紹一下寶玲的「招牌作」；我最愛吃的首選是鬆脆可口的焗吞拿魚麵包；第二位是蜜汁叉燒包；而肉鬆包也是我至愛之一。如果想健康些，可以選擇堅果雜粒焗脆包，這個連我們家人、朋友嚐過後也讚不絕口。

未來日子，我除了要見證著一個麵包師「婦」，如何邁進成為一個真正的麵包師傅。往後，在每次為老婆的包點評分之餘，我還要加給她多一份信心與肯定。

16. ~ 為我們而犧牲的「抗疫英雄」~

它外表五彩繽紛，卻又阻隔著人燦爛的笑容；

它給人貼身保護，但卻保不住自己的安危；

它柔軟體貼，但卻阻礙人呼吸清新的空氣；

它價格低廉，但價值卻不菲；

它是抗疫前鋒，但最後卻被用完即棄。

　　不錯，我所描述的就是一面口罩，現實世界，沒有人會主動去關心一面「口罩」，在新冠病毒 (COVID-19) 疫情期間，它成為人類最緊密的「戰友」。可是，它由啟用至完成任務，其壽命只經歷了數小時，便會被視為最污穢並滿帶病菌的垃圾，用者只會急不及待地將它丟棄，從不會記起它曾經為我們付出過的「功績」。那當然呢！因為它只是一件沒有生命、沒有思想、沒有感情的物件而已，但別忘記，在它使用的過程中，卻發揮了人們所仰慕的「英雄本色」。

　　疫情初期，口罩更一度供不應求，也成為市民搶購的目標。不單如此，它更晉身成為「潮流服飾」，一些華麗而別樹一幟的款式，竟成為人們追捧的對象，及身份的象徵 (我曾看見一些是鑲嵌了水晶的口罩)，甚至在一瞬間成為傑出品牌，為不少商家賺得「第一桶金」。

每個口罩的價錢都有高低，由幾塊錢至幾十塊錢不等，我曾經戴過一個超過 20 元的口罩，它除了外型比較美觀時尚外，實際上，其保護力與一般同級別的沒多大差異，而最終亦會面對同一厄運，就是短壽兼被用完即棄。

　　換一個角度來看，假設有人曾經為我們犧牲自己的利益、金錢和時間來幫助你、保護你，無論那人是否屬於你的親人、朋友、或陌生人，我們又會否心存感激？抑或無動於衷？只視他為一個「口罩」般用完即棄，或過橋抽板？當然不會！因為我們都是有情有義有思想的人。因此，我們要常存感恩之心，並懂得知恩圖報。

　　分享一個真實故事：某天，一名記者在街頭上訪問一些市民，問及他們對政府向市民免費派發口罩有何感受；第一位叔叔答：「很好呀！好有用！多謝晒！」問另一位嬸嬸：「好掛！都好過冇吖！」而在她身旁的太太亦搶著答：「最好以後每月都派就更好啦！」

　　最後問到一位小妹妹，她表示：「其實我家已有足夠的存貨了，不過，我會將多出來的，轉贈給有需要的人呢！」那情景，那對白，隨即構成了一幅美麗可人的畫面。

　　早前有一個關於戒煙指數的報導，發現在口罩令實施期間，煙民因不能在公眾場合除下口罩來吸煙，結果造成了一個戒煙的誘因，導致成功戒煙率上升。如此，

我們的口罩又記一功呢！

　　然而，口罩還有著另一功用，就是提供一種私隱式的保護，即是替人掩飾內心那不想被人發現的情感。每個口罩背後的主人，都隱藏著一個故事，而每個故事都可能包含著喜怒哀樂、悲歡離合。因此，某程度上，口罩也成為我們的「絕密好友」(Close Friend)。

　　雖然口罩能為我們減少病毒入侵的機會，但從另一層面來看，它卻做成了阻隔，阻隔了人與人之間的表情傳遞，降低了人們互相溝通的動力，令人在無形中多了一重隔閡。

　　口罩，為人類帶來莫大的貢獻，但貢獻的背後，卻被殘酷地棄置於堆填區。現在，它的任務還沒有完結，它仍然需要守護著我們的健康。因此，我封了它為我們的「抗疫英雄」。

　　究竟，這場可惡的疫情何時才會完結？我們何時才能除下口罩，直接呼吸清新的空氣？回復正常的生活，以全面目示人？期待那一天盡快來臨，讓我們可以無阻隔地「交換微笑」。

【2022 年・夏】

17. ~ 神 在我生命中
所彰顯過的恩典與奇蹟 ~

　　自 1995 年我受洗歸入基督後，我的生命便交予神掌管。然而，從我出生至現在，神已經在我身上彰顯過無數神蹟奇事，願藉此數算一下，以見證神對我的厚恩和大愛：

生命奇蹟：

* 兒時，我曾幾乎被棄養，幸得母親竭力保我，加上神的憐憫，我才不至於成為孤兒。

* 年青時，我曾經歷過一次嚴重的車禍，那次我被貨車尾勾著，並連人帶輪椅翻倒在地，我的輪椅被車輪壓著，嚴重變形毀壞，而我就跌在另一車輪旁邊。因著神的看守，結果我只是左手輕微擦傷，而身體其他地方竟無大礙。那件事，我深深體會到，是神親手將我從險境中拯救出來。

* 某年，我因膽結石而入院，原本需要接受一個簡單的小手術，但因為我體內的血管瘤阻礙施刀位置，原本手術只需用微創技術以一小時內完成，但我卻需要緊急開刀，結果經歷了八小時才告完成。事後醫生說，我的情況比一般人複雜十倍，加上如果再拖延醫治，便會有生命危險。我非常感恩，如果神

沒參與這次手術，我未必能度過此關，我也感恩神為我安排了一個好醫生，和一班好的醫護團隊。

奇異恩典：

* 在我的生命中，神為我安排了四位好兄弟兼好手足。我們由小到大，都非常團結和諧，守望相助。特別在我讀書期間，兄弟們每天輪流為我接送往返學校，舟車勞頓，從沒怨言。生命中，我每次需要幫助時，他們總義不容辭，盡力幫我。感謝神！他們是我在成長路上的「四大護法」。

* 自中學畢業後，我一直維持有穩定的工作，數十年來從未曾失業過，雖然未至於每餐「大魚大肉」，但總算生活無缺。更感恩的是，我現職的公司，聘用我已超過二十多年，成為我生活上主要的「米飯班主」。縱使公司有時生意不景，老闆仍然沒有放棄我，並給我一個「有粥食粥，有飯食飯」的承諾。

* 我也十分感謝負責聘用我的上司 Derek 和 Conny，他們一直以來對我的關照和愛戴，都令我十分感動。感謝神為我安排一份好工及好的僱主。

* 感恩我還有一隻健全的左手，讓我可以在日常生活上，能掌握基本的自理能力，不需依靠他人。

* 感謝神賜我一個美滿的婚姻家庭，一段美好的夫妻關係，一所舒適的居住環境。太太每天都不辭勞苦

及悉心照料，包括日常的起居飲食，及各樣大小家務，都是由她一力承擔。我們之間都維繫著一份無私的愛，能夠互相扶持及互相珍惜對方。

感恩禱告：

全能的天父，感謝祢將我帶來此世界，又賜我寶貴的贖價，讓我的罪得赦免。

感謝祢對我的包容、寬恕、憐憫和忍耐，令我在罪中得著聖靈的提醒，並懂得回轉。

感謝祢賜我智慧、勇氣並能力，好讓我能將困境一一跨過。

主阿！多謝祢給我一個好妻子及一個安穩的家，讓我享受天倫的溫馨及和諧的愛。願祢繼續帶領我和寶玲，走更屬靈的路，常常見證祢給我們的生命奇蹟和奇異恩典。奉主耶穌得勝之名求，阿門。

18. ~ 開心 Share 篇 ~

分享，是人們互相溝通、互相交流、互相施予的喜樂泉源；

分享，能夠加深彼此的認知和認同；

分享，能提升我們的知識水平；

分享，更能為我們帶來開心和歡笑。

　　今次，我想"Share"一些有用的資訊、一首提振心靈的歌詞、及一連串令大家開心捧腹的笑話，讓親愛的讀者們，能夠暫時放下思慮，並享受一刻的愉悅。

~ 開心 Share 【一】~

我是以「倉頡輸入法」來輸入中文字，多年來累積了一些難以拆解的字碼，就算破解了也容易遺忘。現將一些難拆字的對應編碼輯錄成表，供大家翻查及備存。而慣用「速成」的朋友，相信下表對你們亦有參考的作用：

難解難記的倉頡拆碼表			
難拆字	拆碼方法	難拆字	拆碼方法
冊	BT	蠢	QKALI
帝	YBLB	兜	HVHU
兔	NUI	淵	ELXL
冤	BNUI	鼠	HXVYV
贏	YRBBN	傲	OGSK
繩	VFRXU	晉	MIIA
龜	NXU	衰	YWMV
凸	BSS	夢	TWLN
凹	SSU	兼	TXC
武	MPYLM	麥	JONI
卍	NX	囊	JBRRV
撲	QTCO	貌	BHHAU
麵	JNMWL	雞	BKOG
爬	HOAU	姊	VLXH
乜	PN	遞	YHYU
胸	BPUK	嬲	WSVWS

難解難記的倉頡拆碼表

難拆字	拆碼方法	難拆字	拆碼方法
傻	OHCE	服	BSLE
剪	TBNH	瓦	MVNI
齋	YXF	舜	BBNQ
翁	CISM	版	LLHE
敘	ODOK	邦	QJNL
虎	YPHU	卞	YY
脊	FCB	壺	GBLM
瓊	MGNBE	逸	YNUI
鹽	SWBT	牽	YVBQ
鼻	HUWML	甲	AL
傘	OOOJ	由	LA / LWM
鼎	BUVML	彥	YHHH
牙	MVDH	睨	RHPU
粵	HWMVS	窗	CHWK
臺	GRBG	死	MNP
鐵	CJIG	肆	SILQ
夢	TWLN	鱷	NFMGR
戚	IHYMF	荊	TMTN
秉	HDL	亞	MLLM
愈	OMBP	喉	RONK
秘	HDPH	緣	VFVNO
廈	IMUE	睿	YBMCU
洩	ELWP	曳	LWP
膩	BIPC	夷	KN
牆	VMGOW		

~ 開心 Share 【二】~

　　一首自己很喜歡的勵志歌，現與大家開心 Share，希望您能細心欣賞其歌詞內容，若想聽取或觀看主唱者的視頻，在網上媒體也容易搜尋得到：

歌曲名稱：好好珍惜自己

作　　詞：張美賢

作　　曲：鍾嘉欣 Linda

主　　唱：鍾嘉欣 Linda

在那天 走出護蔭
未怕它 要怎發生
沿路我一個 每步足印
獨處中不失安全感

下雨天 也不自困
為凍傷世界送我的熱吻
長夜有星宿 照亮黑暗
伴你親筆手繪這人生

你要懂得好好珍惜自己
學放手這個簡單道理
我願明日以後 亦靠緊你
伴你一起分享清風晨曦
逝去多少傷心不必提起
自信心散發光彩極美
以後能被愛著 是無需運氣
若你懂得好好欣賞自己

任雨灑 猛風地震
若發生 看它發生
無力去掌控 每步足印
亦細賞精彩這人生

帶著童稚那份幻想好奇
領會存在意義 樂與悲
全程盡記錄 在成長日記
未怕一分一刻匆匆如飛

你要懂得好好珍惜自己
學放手這個簡單道理
我願明日以後 亦靠緊你
探索一天一天許多驚喜
逝去多少傷心不必提起
自信心散發光彩極美
以後能被愛著 是無需運氣
若你懂得好好欣賞自己

你要懂得好好珍惜自己
學放手這個簡單道理
以後能被愛著 是無需運氣
感動來自願意 真心愛
這份美……

以下為琴譜

好好珍惜自己

星空下的仁醫 主題曲

鍾嘉欣

~ 開心 Share 【三】 ~

多年來，我也曾搜集和創作了一些笑話，現誠意獻上，願您在此刻暫時放鬆心情，開懷一笑：

- **「慢慢」長路 ~**

  大清早，小龜陪伴龜老爺出來晨運，當準備橫過馬路時，一輛汽車煞停下來，讓倆老少過馬路。

  小龜：「爺爺，你今天的痛風還好嗎？」

  龜老爺：「老骨頭怎會好？你行慢些等埋我啊！」

  與此同時，這條繁忙的公路，頓時多了十多輛車排隊，等龜龜們過馬路......

  突然間，龜老爺背後傳出一把聲音：「老龜，為何出來食早餐都不預我呀？」

  龜老爺回頭一望，喜道：「樹懶兄！原來是你，快來呀！等埋你！」

  此時，車龍數目已增至三十多部，排頭位的司機有點後悔，心想早知剛才踏油門過了便算。

  三隻動物在馬路中央，邊行邊唱：「斜陽裡氣魄更壯，斜陽落下心中不必驚慌 ......」悠遊自在，樂在其中。

此時長長的車龍中，不少司機索性打短訊或致電回公司，告知老闆今日因大堵車會遲大到。

當三隻動物們終於接近馬路尾段時，突然迎面傳來另一把聲音：「龜老爺，樹懶哥，你們都出來食午飯呀？」

「啊！蝸牛老師！」龜老爺回答：「是呵！你又帶班學生出來課外活動嗎？」

蝸牛老師答：「是呵！我們要過對面叢林寫生呢！」

樹懶關心地說：「這裡車多，要看緊同學們小心過馬路呀！」

接近黃昏，車龍綿綿長達數公里，慈祥的村長宣布，因交通嚴重擠塞關係，當天將列為特別假期一天。

- **隔離 ~**

  役：「啟稟玉帝，外面有位黑皮膚，衣著古怪，手持茶壺，自稱是亞拉丁神求見！」

  玉帝：「外國使神？快請！」

  亞拉丁：「玉皇大帝，求你救救我呀！」

  玉帝：「你是駐守那個宮殿的？朕好像未見過你喎！」

  亞拉丁：「玉帝，你不認得我呀？我係托塔天王李靖呀！嗚嗚～我只不過確診了新型病毒後再成為超級變種者，才搞成咁，佢地仲強行幫我改名為亞拉丁咋！」

84

玉帝：「Oh, My God⋯⋯ 人來！快同佢戴上口罩，立即隔離！」

托塔天王：「開恩呀！玉帝⋯⋯」

- **口罩的煩惱 ~**

媽：「什麼人沒有戴口罩的煩惱呀？」

兒：「蜘蛛俠囉！」

- **兩敗俱傷 ~**

媽：「兒啊！你知道嗎？剛才真是打在兒身，痛在娘心呢！」

兒：「娘啊！那以後就不要咁傻，勿再做兩敗俱傷的事啦！」

- **站哪邊？ ~**

朋友向我訴說她丈夫的錯處，愈說愈氣憤，突然轉頭問她身旁的小兒子：

「如果爸爸媽媽吵架，你會站在哪一邊？」

兒子不假思索：「站旁邊！」

- **該打 ~**

警察問遇毆的人：「你能描述打你的人的相貌嗎？」

那人斬釘截鐵的回答：「當然能！我就是因為形容他的樣子而挨打的！」

- **時差 ~**

  有個老頭去看醫生，告訴醫生他的腸胃有問題。

  醫生問他：「你的大便規律嗎？」

  老頭說：「很規律，每天早上八點鐘準時大便。」

  醫生說：「那麼，你還有什麼問題？」

  老頭說：「問題是，我每天早上九點鐘才起床。」

- **中計 ~**

  老公：「唔好叫我洗碗得唔得？」

  老婆：「小小事就試到你，D 碗一早洗咗啦！」

  老公：「我係講笑咋，其實我好樂意洗碗架！」

  老婆：「我都係講笑咋，其實 D 碗未洗，你識做啦！」

- **要脅 ~**

  媽咪：「阿女，你唔好嘈啦！」

  阿女唔聽話，繼續咁嘈。

  媽咪：「再嘈我困妳入廁所，到時唔好求我。」

  阿女：「到時妳要去廁所，也唔好求我。」

- **聰明仔 ~**

  媽 ：「小明，你這學期撿到 10 次錢嗎？」

  小明：「沒有，只撿到一次。」

媽 ：「那怎麼會有十張拾金不昧的榮譽卡？」

小明：「我把撿到的 10 元紙幣，換成 10 個銅板，才先後分別給老師，所以便有十張拾金不昧的榮譽卡咯！」

- **左右為難 ~**

老師：「小明，請用『左右為難』來造句。」

小明：「我考試時左右為難。」

老師：「是題目不會答，令你左右為難？」

小明：「不，是左右同學的答案不一樣，令我左右為難。」

- **易燃 ~**

候診室裡坐著一位憂心忡忡的病人，當醫生傳喚他時，他滿面愁容的說：

「醫生，怎麼辦？我昨天誤喝下一瓶汽油！」

醫生回答他說：「喔 ... 沒關係吧！記得這幾天不要抽煙！」

- **三千萬遺產 ~**

某婦人告訴友人：「我老公死後什麼都沒有，只留下三千萬給我......」

友人充滿羨慕的目光問：「這還不夠用嗎？」

妳有所不知，婦人答：

「千萬要照顧好小孩；」

「千萬要孝順我的父母；」

「千萬不要改嫁……」

19. ~ 活出真、善、美 ~

　　我有一個超凡的願景，就是每一個人都能夠秉持真誠，擇善而從，品格臻美，而作為神的子民，便更當如此。

「聖靈所結的果子，就是仁愛、喜樂、和平、忍耐、恩慈、良善、信實、溫柔、節制。這樣的事沒有律法禁止。」【加拉太書 5:22~23】

　　上帝頒下了指令，叫人遵守聖靈的果子，而真、善、美，就體現出聖靈果子中信實、良善、溫柔的其中要點，以上九項果子我都一一牢記於心，並盡我能力在生命中實踐。

【小女孩與小松鼠的故事】

　　一個雙目失明的小女孩，於叢林中迷了路，在惶恐無助之際，見義勇為的小松鼠眼見女孩遭遇，便釋出善意，走到女孩的導向竿前，對女孩說：「小妹子妳好，我是松鼠阿德，我是來幫妳的，妳可以用導向竿觸碰我的身體，然後憑著竿上所傳達的感應，讓我帶妳走出這叢林吧。」女孩感激地說：「謝謝你，阿德！幸好遇上你，否則我不知怎麼辦才好呢！」於是，女孩依循阿德的指引並由牠作嚮導，逐步向叢林的出路進發。

然而，林裡的路非短且迂迴曲折，女孩的竿每次觸碰到松鼠身上，對小動物而言，猶如一重撞擊，可是小松鼠卻強忍著痛楚，不哼一聲，更刻意選擇較平坦的路以減低女孩絆倒的風險。

未幾，女孩意識到阿德的步伐有點蹌跟，知道牠受了傷，便說：「阿德，感謝你！你已經盡了力，我不能再令你受傷害，我們就此終止吧！」女孩愧疚之餘，淚亦禁不住從眼眶中流了出來，她實在不忍心令松鼠繼續承受痛楚，於是便停下步來，決定放棄。

小松鼠阿德凜然地說：「這條路、這趟經歷，是需要我們一同努力，一同面對，才能夠克服此困境，現在成功就在前面，且天快黑了，我們要把握時間，妳絕不能單方面摧毀我們的成果啊！」女孩無奈，也再一次被阿德的真誠打動，唯有鼓起勇氣繼續前行。最後，阿德終於帶女孩走出了叢林，脫離困境。

傷疲的阿德，乏力地躺在小女孩的懷內，在夕陽餘暉下，構成了一幅最溫馨動人的美景。

以上故事描繪出人性最高尚的情愫，小松鼠以自己的身軀，成就為女孩脫險的代價，盡顯其真摯、善良、美麗的本性，切切實實地演活出人性至光輝的一面。

理論物理學家愛因斯坦有一句名言：

「照亮我的道路，並且不斷地給我新的勇氣，去愉快地正視生活的理想，就是善、美和真。」

我對真、善、美的含義有如下領受：

真 ~

真誠，真心、真意、信實、不虛偽，不作假，不說謊、持守真理。

「孩子們，我們愛人，不要只在言語和舌頭上，總要在行動和真誠上表現出來。」【約翰一書 3:18】

善 ~

良善、寬恕，好憐憫，凡事包容、樂於助人。

《論語・述而》有云：「擇其善者而從之，其不善者而改之。」

美 ~

美言美行，我們要追求情感的美、生活的美和心靈的美。

「心善則美，美照人間，人間因您而有愛。」

交換微笑

我太太寶玲是一名現職護士，多年來，她都深受同事和院友們的愛戴，她不單與同事們結為良朋，還會與出院後的院友成為好友。她為人率性、隨和，待人真誠，沒有架子，不爭名利，只求做好本份。在「真」裡面，她會帶一點傻，傻氣的她每每帶給人不少的歡樂。她擁有善良，對任何人都坦承，沒有機心，樂於助人。外在美加內在美的她，是我打從心底裡深深愛慕的小天使。

真、善、美是造物主賦予人類獨有的本性，但願我們每一個人都能夠貫徹地活現出來。

20. ~ 生命中的跨勝 ~

　　生命之歷程，難免會遇上一些突如其來的境況，有誰知，一場自然的災禍，一種不治的絕症，或一株致命的病毒，都可能在無聲無息無預警之下，奪去你的性命。

　　生命也總會經歷重重的波折與磨練，能否克服，能否跨勝，視乎你採取什麼心態去面對，當困難來臨時，我們要視之為一種考驗，一種挑戰，要以積極、正面、樂觀，不嗟怨，不懼怕，不退縮的精神去面對；將難關當成機遇，將考驗化為動力，過程中你自然會提升自我的抗禦能力，達致更堅強，更有自信的地步。

　　試數算一下，在過去的經歷中，您曾經跨越過多少障礙？而那些障礙，有否為您帶來成功或滿足感？如果您正面對無法預測的難關，請不要猶豫，更不要害怕失敗而卻步，標杆就在前面，起步就是成功的關鍵，經驗也必為此而累進。

　　我十分認同在「錯得好」一書中，作者黎鴻昇博士以簡明、握要地指出：「成功是一種選擇，但不是選擇走哪條路，而是選擇是否起步。當你切實行動一刻，你就開始踏上成功之路。」

　　我祈願每一個人能夠自強不息，將前路掌握在自己

手裡，要好好籌劃人生方向，要珍惜每一寸光陰，莫虛耗一分一秒，為未來定下妥善計劃，將目標逐一達致。

春蕾綻放適時賞，莫待秋來惋花凋，夏至耕耘勤有功，積滿糧倉好過冬。願互勉之。

當生命經歷完重重考驗，重重跨勝，直至盡頭時，您會發現您的生命冊將寫著「無怨無悔，不枉此生」這八個字。

如果神應許，我盼望能夠多握著寶玲的手，一起走更長、更遠、更豐盛的路，我會竭力地活好每一天，以答謝我的父母及兄弟們對我的付出和厚愛。我亦會努力將正能量、將微笑帶給更多的人，務求將您、我、他的距離拉得更近。

我慶幸這本書，能夠在我的病情未有轉差之前面世，完成我餘生最大的心願和夢想。也盼望它能帶給您一刻的愉悅與正面的思維，培養正確的人生價值觀。

願將我的故事和經歷，透過此書，作為我人生旅程中的一份手信，誠獻給您。更藉此喚起每一顆善良、和平、喜樂的心，以積極、信實和樂觀的態度去經歷，去享受人生。

倘若諸君欲與我「交心」，或對我的作品有任何賜教，甚或願與我分享您的故事，都歡迎您與我聯繫，我

是黎鴻亮 (Desmond)，別名車車叔；願您每天都活得健康！平安！並常存喜樂！

2022 年夏 .

我的聯絡電郵是：

desmond609@hotmail.com

書　　　　　名	交換微笑
作　　　　　者	黎鴻亮
出　　　　　版	超媒體出版有限公司
地　　　　　址	荃灣柴灣角街 34-36 號萬達來工業中心 21 樓 2 室
出版計劃查詢	(852)3596 4296
電　　　　　郵	info@easy-publish.org
網　　　　　址	http://www.easy-publish.org
香 港 總 經 銷	聯合新零售 (香港) 有限公司
出 版 日 期	2022 年 11 月
圖 書 分 類	心靈勵志
國 際 書 號	978-988-8806-24-9
定　　　　　價	HK$68

Printed and Published in Hong Kong